OLIVER UNGER

QYOMA

SÜCHTIG? gottseidank!

VORSICHT FREIHEITSGEFAHR!

Impressum

Gestaltung und Satz: Oliver Unger, pinkvanilla.de
Titelfoto: www.sxc.hu/bimcab430
Druck und Verlag: epubli GmbH, Berlin, www.epubli.de
ISBN 978-3-8442-2456-6

Wichtiger Hinweis: Dieser Text und die entsprechenden Angebote beziehen sich auf die Heilung durch die Kraft des intelligenten Geistes. Es handelt sich nicht um ein medizinisches Versprechen. Du solltest volle Verantwortung für dich selbst übernehmen können. Sollte ein Besuch beim Arzt oder Psychologen nötig sein, suche bitte einen solchen auf. Qyoma kann und möchte keinerlei ärztliche oder psychologische Behandlungen ersetzen.

www.qyoma.de

facebook/qyoma

vorwort

Liebe(r) Süchtige(r), liebe(r) Suchende(r),

hoffentlich kannst du mir verzeihen, dass ich auf diese (r) im weiteren Text verzichte, mich meinen Macho-Allüren hingebe und mich auf die männliche Form der persönlichen Anpsrache reduziere. Und dich damit auch.

Hoffentlich kannst du mir verzeihen, dass ich dich hier schon als süchtig betitele, herzlos und gefühlskalt, wie ich bin, und keine Rücksicht nehme. Weder auf deinen Weg, deine Verletzungen und deine hart erarbeiteten Erkenntnisse, die du auf deinem Weg bereits hinter dich gebracht hast.

Hoffentlich kannst du mir verzeihen, dass ich mit diesem Buch voraussetze, dass du schon eine Weile des Weges gegangen bist und dich mit dem Thema Sucht schon eingehend beschäftigt hast, was mir beweist, dass du süchtig bist.

Hoffentlich kannst du mir verzeihen, dass ich hier auch nur wieder ein weiterer Dealer, Retter oder Verfolger bin, der dein Suchtmuster unterstützt.
Hoffentlich kannst du mir verzeihen, dass ich hier dein

Bild von dir und deiner Sucht zerstören werde, um es letztlich durch kein neues zu ersetzen und dich auch immer wieder animiere, dir auch kein neues Bild zu machen.

Hoffentlich kannst du mir verzeihen, dass ich dich in diesem Buch immer wieder in die Irre führe, dich *verwirre*, damit du von Festgefahrenem loslassen kannst.

Hoffentlich kannst du mir verzeihen, dass ich mir selbst immer wieder widerspreche und alle Widersprüchlichkeiten, die ich finden kann, aufdecke und anspreche und dich damit in den Wahnsinn treibe.

Hoffentlich kannst du dir verzeihen, dass du irgendwann feststellst, dass du mir nicht verzeihen kannst.

Hoffentlich kannst du dir verzeihen, dass du mit diesem Booklet wieder Stoff gekauft hast.

Hoffentlich kannst du dir verzeihen, dass du schon bald nach Lesen dieses Textes nichts mehr begreifen wirst.

Hoffentlich kannst du dir verzeihen, dass du bisher so eine Scheiße mit dir und deinem Körper angestellt hast.

Hoffentlich kannst du dir verzeihen, dass du dir bisher nicht verzeihen konntest.

Hoffentlich kannst du dir verzeihen, dass du dir diese bescheuerten unzulänglichen und zutiefst menschlichen Eltern ausgesucht hast, damit sie den Bogen spannen und spannen und spannen, damit der Pfeil, sobald er losgelassen, auch ins Schwarze trifft.

Hoffentlich kannst du dir verzeihen, dass es deinem Ego total Angst macht, dein Potenzial zu leben.

So. Und schon sind wir mitten drin!

Herzlichst

der rote faden

... oder „Projektionen abarbeiten, und Spaß dabei haben." Ab und zu taucht ein Foto von meinem Antlitz im Buch auf. Präg dir dieses Gesicht genau ein. Das ist der Mann, der mittels dieses Buchstabensalats zu dir spricht. Und das ist der Mann, der dich zum Lachen bringt, der dich wütend macht, der dir Verwirrung schenkt. Zur Erinnerung: Das sind alles Dinge, die du bisher vielleicht nur durch Einsatz deiner Droge bekommen hast.
Ich finde zwar, du solltest diesem Mann total dankbar sein, so wie deiner Droge, aber da meine Meinung hier nicht wichtig ist, machen wir einfach etwas anderes zusammen. Der Deal: Ich zeige mich dir hier auf verschiedenen Fotos und du beschimpfst, bekrakelst, beschmierst diese Fotos. Keine Angst. Es wird nichts davon bei mir ankommen. Das meinst du nur. Und es wird auch mein Fucking-Energiefeld nicht beeinflussen und dein Karma auch nicht. Also, trau dich, dieses Experiment mitzumachen. Und mach es möglichst so, dass die Nachbarn es hören! Falls dir keine Schimpfwörter einfallen: Ich habe meinen eigenen Anregungen Luft gemacht. Du kannst sie frisch, unfromm, fröhlich, frei benutzen – ist kein Copyright drauf und ich finde, es sind sehr stimmige Schimpfwörter dabei, die schließlich auch zu mir passen (was ja wichtig ist, damit es auch wirkt)!

das leben ist ein rätsel

Ernstzunehmende Untersuchungen haben ergeben, dass Menschen, die süchtig sind, zum Beispiel nach Nikotin, Spielen, Alkohol sich selbst als glücklicher, freier und gesünder empfinden, als solche, die sich selbst nicht als süchtig bezeichnen würden.

Eine andere Untersuchung hat ergeben, dass Süchtige länger leben als, wie ich sie nenne, „nichtsüchtige" Menschen. Ausnahmefälle, wie zum Beispiel Drogentote, untermalen hier zwar nicht direkt das Bild, sind aber die berühmte Ausnahme, die die Regel bestätigt.

Beeindrucken dich die Ergebnisse dieser Untersuchungen in irgend einer Weise? Sollten sie. Denn es ist erwiesen, dass Sucht verdammt gesund ist. Die Rätselfrage lautet also:

Wie kann das sein?

Die Auflösung erfolgt irgendwann mitten im Text, so dass du jetzt nicht vorblättern und sie finden kannst, haha!

Aber sei versichert, sie kommt.

hirn und hirnlosigkeit

Wie dir vielleicht bekannt ist, nutzt der Mensch im Durchschnitt etwa 5-10% seiner Gehirnkapazität. Was auch immer das im Einzelnen bedeutet, sei einmal dahingestellt. Ich möchte an dieser Stelle darauf hinweisen, dass auch du jetzt beim Lesen nur diesen kleinen Teil einsetzen wirst. 90%, vielleicht sogar mehr, sind nicht ausgelastet, werden nicht eingesetzt, langweilen sich unter Umständen. Wohingehen der kleine genutzte Teil mit ziemlicher Sicherheit total in dem aufgeht, was er immer tut: Informationen sammeln, verwerten, Bilder dazu erschaffen, sie mit Geräuschen, Gerüchen und anderen Bildern assoziieren und den ganzen Klumpatsch in irgendeiner Schublade ablegen. Hinterher, nach dem Lesen wirst du sagen: »Ein interessantes Buch«, und etwas in dir wird sich gähnend zurücklegen.

Nichts in deinem Leben wird sich verändern. Vor allem dann nicht, wenn du die 90% unausgelasteter Kapazität nicht beschäftigst. Das ist allerdings in der Tat etwas schwierig. Das hat vor allem damit zu tun, dass die 10% so laut schreien und aufstampfen werden, dass sie deine ganze Aufmerksamkeit an sich ziehen. Sie wehren sich nämlich mit aller Macht dagegen, sich auszudehnen.

Doch stell dir vor: du besitzt ein riesiges Haus, alles ist bezahlt und wird von Heinzelmännchen saubergehalten. Vielleicht zehn tolle Zimmer mit schöner Aussicht, warmer Atmosphäre, erfrischenden Farben ... Und du sitzt immer in der gleichen Ecke rum. Zu allem Überdruss hast du auch noch die dunkelste von allen genommen. Fenster sind weit entfernt. Aber da saßt du halt schon immer und deshalb ist es da auch gut, sagst du dir.

Niemals hast du gesehen, wie schön der Blick in ein sattgrünes Panorama sein kann. Niemals hast du ein Fenster geöffnet, um frischen Wind hineinzulassen. Niemals hast du dich bewegt, bist durch die Flure und Zimmer getanzt, gehüpft und gesprungen. Niemals hast du jemanden eingeladen, mit dem du zusammen Spaß hast oder intensive Emotionen teilst. Niemals hast du dich frei gefühlt und getan, was gerade für dich dran war. Und das nur, weil 10% Graumasse mit Nachdruck erwarten und verteidigen, was du schon immer getan hast.

Mach ruhig weiter so. Das ist viel sicherer. Dass dies nur zu Langweile und Trugschlüssen, verringerter (Selbst-) Wahrnehmung, Wachstums- und Entwicklungshemmung führt, weiß schließlich auch nur der klägliche Rest deines Gehirns, diese mickrigen, fürchterlichen, wahrscheinlich viel zu arroganten und abgehobenen 90%. Da wir den aber nicht fragen ...

Diese 90% wissen auch, dass der geringste Versuch, Sucht als Thema zu vergeistigen, zu verstehen, zu analysieren, zu weiterer Sucht führt. Deswegen musst du jetzt nicht aufspringen und hektisch etwas an dir ändern. Man muss es einfach nur wissen. Aber diese 90%, diese verfluchten, fragen wir ja nicht ...

Diese schrecklichen, ablehnenswerten, total überflüssigen 90% haben einfach verdammte Sehnsucht nach dir und danach, gefüllt, beschäftigt und geliebt zu werden. Sie lechzen nach Berührung, angenommen sein, einem sicheren und adäquaten Platz. Tja. Aber die fragen wir nicht ...

Die 90% Freiraum hinter deiner Schädeldecke sprechen mit dir. Eindringlich. Laut und deutlich. Sie erzählen von ... Ach nein, du fragst sie ja nicht ...

... es wird zeit für die erste attacke ...
besserwisser !
blender !!
spinner !!!

fiese puzzleteile

Und? Wie war das erste Mal so richtig Abmotzen?

Neben den ganzen Süchten, die wir so kennen und lieben, wie Nikotin, Alkohol, Drogen, Sex, gibt es noch eine Menge anderer, die wir gerne nicht genannt haben mögen, die aber dem gleichen Muster folgen und ähnliche zerstörerische Auswirkungen haben.
Ganz oben sehe ich hier die Denk- und Analysiersucht. Also Folge entsteht Rechthaberei, die ebenso als Sucht zu bezeichnen ist und den gleichen Prinzipien folgt, wie alle Süchte. Eine der Schlimmsten ist die Harmoniesucht.
Selbst die Psychose hat ein unterliegendes ein Suchtmuster – der Rausch erfolgt halt ohne Zufuhr von etwas und intensiver als mit so popeligem Alkohol.

Diese Aufzählung, sowie das gesamte Booklet hier, erhebt *keinerlei Anspruch auf Vollständigkeit.* Es gibt ganz ganz viele tolle Bücher zum Thema Sucht, wenn auch wohl keines, das so ist, wie dieses.

Da es auch keine raffinierte, sanfte Therapiemethode darstellt, erlaube ich mir, noch eine Weile so zu schreiben, als würde ich mit dir reden. Ich rede aber gar nicht mit dir, sondern ein Teil in *dir* redet jetzt mit dir, während er das liest. Du kannst währenddessen deine ganze ungelöste und abgespaltene Scheiße auf mich drauf projizieren, wie schon erwähnt. Dafür stelle ich mich gerne zur Verfügung. Aber nur, wenn du diesem Teil in dir zuhörst!

Lass uns zu diesem Teil in dir zurückkehren. Der ist Stolz. Er will nicht verletzt werden und hält sich für total unfucking wichtig. Egal wie edel oder rechthaberisch er sich verhält, er ist nicht bereit, für sich selbst einzustehen. Er fühlt sich ständig verletzt oder denkt, er würde andere verletzen.
Er sieht sich getrennt von den anderen Wesen und den Ereignissen, die um ihn herum passieren. Und diese Sicht hält er aufrecht, weil sie seinen Stolz und sein „Edel-sein" rechtfertigt.

Daher ist dieser Teil auch uneinsichtig. Du kannst ihm sagen was du willst, er wird es nicht verstehen wollen. Vielleicht kann er es tatsächlich nicht verstehen. Da sollte man noch mal nachforschen. Ich sage ihm jetzt: »Du bist einfach im Widerstand und wirst es auch bleiben, weil du Angst hast, dass du verschwindest.«

Dieser Teil in dir lebt in Dauerrebellion. Er findet sich so geil und richtig an seiner Position, dass er alles, was anders ist, auf jeden Fall hinterfragt und im Zweifelsfall auch Argumente »dagegen« findet. Er findet sich revolutionär, aber eigentlich ist er einfach nur ein Pubertierender, aber das verraten wir ihm nicht.

... zum warm bleiben ...
dickkopf ! warmduscher !
blödhammel ! schnösel !! arschgesicht !!!

So, Zeit für die zweite Attacke. Siehe links.
Die innere Pubertät bemerkt man im Übrigen daran, dass der besagte Teil insgeheim ein bisschen neidisch ist. In einem stillem Moment, wo niemand anderes zusieht, schielt er unauffällig aus dem Augenwinkel auf andere Menschen und träumt davon, so zu sein wie sie. Er sieht, was sie alles besser gemacht haben. Er sieht, wie toll sie aussehen, was sie alles haben, wie souverän sie mit Dingen umgehen. Natürlich wissen wir bereits, dass dies alles Projektionen und Träumereien sind, aber der Teil selbst würde das auf jeden Fall verneinen. Denn wenn du ihn darauf ansprichst, schaltet er ja sofort wieder in den coolen Modus. Er ist im Übrigen nicht nur *neidisch*, sondern auch *eifersüchtig*. Haha, hier taucht das erste Mal das Wort »süchtig« auf. Wie weise, wer sich dieses Wort ausgedacht hat. Und? Schon müde von meinem Geplapper? Ja, ja. Macht nix. So ist das, wenn man mit diesem Teil Kontakt aufnimmt. Dann versucht er nämlich, dich irgendwie auszuschalten, müde zu machen, sich zu verpissen. Man nennt das Abspaltung oder auch Dissoziation. Formen der Abspaltung gibt es so viele, wie es Menschen gibt und nur weil deine Form der Abspaltung, die du zelebrierst noch nicht im ICD10 (International Catalogue of Deseases No. 10) beschrieben ist, heißt das noch lange nicht, dass es keine *ist*.

Und jetzt, wo wir den Teil sozusagen kurz vor seiner Abreise noch festhalten, am letzten Rockzipfel packen, ihn wieder heranholen, indem ich hier ein paar lustige Sätze schreibe, wirst du mit seiner nächsten Unart konfrontiert. Dem Kampf. Er wird auf dich eintreten und dir einreden, dass das doch alles Kacke ist, was du hier liest und und und. Und er wird verzweifelt versuchen, die Situation zu kontrollieren. Die Situation in dir. Mich als Autor. Und die Energie, die freigesetzt wird, indem unsere Bewusstseinsfelder sich hier, jetzt in diesem Moment, miteinander kreuzen, ihr Wissen teilen und miteinander zu einem neuen, größeren Bewusstseinsfeld verschmelzen.

Der Teil wird Zwang auf uns ausüben und alles in Schach zu halten versuchen, bis einer von uns nachgibt. Ich oder du. So. Nun die Auflösung. Was ist das für ein Teil? Wie heißt er? Gib ihm Namen, los! Roll ihn in den Teppich ein!

Dieser Teil ist deine Sucht.

Das kannst du jetzt dramatisch finden. Dann freut er sich. Aber du kannst auch feiern gehen, saufen, rauchen und vögeln und dich daran erfreuen, dass dieser Teil in dir ist. Denn er ist verdammt noch mal Teil dieses Lebens hier auf der Erde. Und wir können ihn nicht einfach so »nicht haben«.

Warum? Er ist wie ein Arm, ein Bein, ein Organ mit uns verwachsen und hilft die Brücke zu schaffen zwischen dem Leben hier auf der Erde und der Anbindung zu Gott. Sucht ist also erst mal nichts Schlechtes, sondern ein Grund zum Feiern! Juchhe, ich habe eine Sucht! Stell dir das mal vor. Gott würde vor Freude im Dreieck springen!

Wenn das alles so toll ist, wieso bekämpfen wir Sucht dann?

Weil wir selbst süchtig sind. Nämlich nach Harmonie, Einklang, Schönheit, und daher heimlich auf das Andere schielen, in der Hoffnungssucht, dass wir da etwas ausmerzen oder verbessern können.

Weil wir selbst süchtig sind und daher Vorstellungen und Ideen von Dingen haben, wie sie besser wären.

Weil wir selbst süchtig sind, nämlich nach Kontrolle und Macht.

Weil wir selbst süchtig sind und daher nicht eingestehen wollen, dass wir im Angesicht Gottes einfach kleine Würmer sind, die er jederzeit zerschneiden kann, wenn er das will.

Weil wir selbst süchtig sind, nämlich nach Abspaltung. Wir spalten ab, was nicht in unser Bild passt.

Weil wir selbst süchtig sind und uns selbst bekämpfen.

Weil wir selbst süchtig sind und daher zwanghaft im Außen herstellen wollen, was wir im Innen nicht erreichen können.
Ja, *du* bist gemeint!

Also warum feiern?

**Weil wir sowieso nicht anders können,
als süchtig zu sein.**

Also was tun?

**Das Potenzial leben,
das sich in der Sucht befindet.**

Sucht ist ein Motor, der dich wieder zu Gott bringt. Auf dem Weg wirst du wahrscheinlich einige Räder (wahlweise Zähne oder andere Zellhaufen) verlieren und Ersatzteile benötigen, weil du deine Seele und deinen Körper ein bisschen zu viel gevögelt hast. Aber du wirst mit Sicherheit ankommen. Haha, jetzt muss ich lachen.
Ja. Wir werden alle ankommen. Ist das nicht toll?
In diesem Zusammenhang weise ich noch einmal darauf hin, dass es stoffliche und Nicht-stoffliche Süchte gibt. Die Nicht-stofflichen Süchte suchen nach dem Nichts. Die stofflichen nach dem Etwas.
Das Potenzial von *Nichts,* nach dem wir süchtig sind, ist das Erreichen der Nicht-Manifestation durch

Transformation. Es enthält Sehnsucht nach Gott und führt im gesunden Fall über das Ausdrücken und Leben von Liebe. Sucht sucht allerdings auf etwas verschrobene Weise danach, nämlich durch das stückchenweise harte Erarbeiten der Selbstzerstörung und das Erzwingen eines frühzeitigen körperlichen Todes.

Das Potenzial von *Etwas,* nach dem wir süchtig sind, ist das Erreichen von Bodenhaftung und Einheit in der Dualität. Das Ganz-Sein. Im gesunden Fall gelingt dies durch Fühlen von Emotionen, zulassen von Intensität, Rausch, Anerkennen was ist. Doch der Süchtige nutzt stattdessen die blinde Identifikation mit dem Stoff, der Materie.

Sucht ist alles, das aus

Stolz
Uneinsichtigkeit
Widerstand
Rebellion
Neid
Eifersucht
Erhabenheit
Dissoziation
Kontrolle
Zwang

heraus entsteht, egal ob sich um die Einnahme eines Stoffes oder um ein Verhalten handelt.

Beide Süchte, die nach dem Nichts und die nach dem Etwas, führen an das gleiche Ziel, die Öffnung für den Prozess von Manifestation und Entmanifestation, dem Zusammenspiel von *Rei* (universeller Energie) und *Ki* (der »verflüssigten Form«), dem Geborenwerden und Sterben, das Etwas im Nichts bzw. das Nichts im Etwas finden.

Letztlich entscheiden Seelenaufgabe und durch den Manifestationsprozess (Zeugung, Geburt, Prügung usw.) entstandene Charakterstruktur, welcher Weg geeignet ist.

Würden wir unseren Weg mit diesem Weitblick beschreiten, würden wir allmählich von unseren Anhaftungen befreit. Das bedeutet, dass wir Dinge bald ganz nehmen, das Leben ganz nehmen, uns selbst ganz nehmen, und auch wieder ganz loslassen, wenn es dazu Zeit ist. Da das ganze Nehmen aber meist nicht gelingt, nehmen wir das, was wir nicht hinzugenommen haben, in Form dessen auf, was unser Suchtverhalten in uns erzeugt. Schwerer Stoff, was?

Ein Beispiel: Du hast einen Bollerwagen mit vier Holzrädern, die intakt sind. Sie rollen wunderbar. Der Bollerwagen hat die Räder *ganz*. Dann bricht aus einem Rad eine Hälfte weg. Der Bollerwagen würde immer noch rollen, aber zu stark ruckeln. Eigentlich macht das nichts. Aber bei genauerem Hinsehen macht es doch das Leben etwas schwerer, wenn die Räder nicht alle *ganz* da sind. Dann beschließt du, dieses fehlende Teil durch ein Metallgestänge zu ersetzen, das du dir so hingebogen und befestigt hast, das es passt. Es ist nicht die perfekte Lösung, aber das Rad *scheint* wieder *ganz* – zumindest wenn du nicht hinsiehst.

So ist es mit den Süchten auch. Vielleicht gibt es bestimmte Emotionen, die du nicht fühlen oder ausleben darfst. Dann ist es eine willkommene Stütze, diese Emotionen durch den Einsatz eines Suchtmittels so zu sagen zu dir zu holen.

So, dass du entscheiden kannst, wie du es machst.
So, dass du entscheiden kannst, wann du es machst.
So, dass du entscheiden kannst, welche Dosis du dir zuführst.
So, dass du entscheiden kannst, ob du ein bisschen die Kontrolle behalten willst oder nicht.

Je nach Suchtstoff sind da sehr unterschiedliche, individuell anpassbare Varianten möglich. Sucht ist also eine Struktur, die in uns lebt und die sich auf verschiedene Weisen ausdrückt. Dieser Ausdruck ist ein Spiegel unserer Seele, vor allem ihrer Defizite und Löcher. Wegsehen oder mit Therapie Zuspachteln hilft hier nicht.

Jede Suchtstruktur bringt neue Suchtstrukturen hervor. Alles, was auf deine Suchtstruktur hin entsteht, ist nur

eine weitere Suchtstruktur, die vielleicht ein bisschen besser aussieht, vielleicht nicht so stinkt oder nicht so schnell den Körper zerstört. Aber nichts, das auf dem Boden einer Suchtstruktur gedeiht, ist eine Hilfe.
Und gleichzeitig ist das *Nichts*, das aus einer Suchtstruktur entsteht, eine Hilfe.
Also, mach *Nichts* und lass *Nichts* mit dir machen.

Sucht ist
der Ersatz für nichtganzes Nehmen.

Suchtbewältigung ist ganz leicht:

Mach *Nichts* und lass *Nichts* mit dir machen.
Nimm alles *ganz* und lass dich *ganz* vom Leben mitnehmen, bis es automatisch wieder aus dir herausfließt.

Ja doch, es klingt furchtbar. Es klingt abgehoben, ich weiß (gähn!). Die Ausreden der Süchtigen sind immer wieder die gleichen, sorry! *Nichts* zu machen, ist eine bewusste Entscheidung, die nicht aus der Resignation kommt. Sie kommt nicht aus einer Depression. Sie kommt nicht aus Hoffnungslosigkeit. Im Idealfall kommt sie durch Gott durch dich hindurch, fickt auf dem Weg all deine beengenden Suchtmuster so lange, bis du endlich loslässt, zum Orgasmus kommst und spürst, dass *Nichts*

mehr da ist. Charakter weg. Altes Emotionskarussell weg. Partner wütend oder resigniert, weil du „so anders" geworden bist. Haus und Auto in Gefahr. Eltern enttäuscht ... was auch immer.
Kannst du dich noch an das Rätsel am Anfang des Buches erinnern? Es sagt: Sucht ist verdammt gesund, aber wieso? Die Auflösung ist ganz einfach: So lange man dir einredet, dass sie ungesund ist, bleibst du in der Sucht. Auch wenn du es dir selbst einredest. Das liegt an der Sucht nach »schlechtem Gewissen«, die jeder Suchtstruktur zugrunde liegt und die dann heimlich bedient wird. Sie ist eine Art Motor für die darüberliegende offensichtliche Sucht und dem Suchtverhalten. Stell dir vor, Sucht sei total toll und das Beste, was du in deinem Leben für dich tun kannst ... Wow! Ja, genieß es. Die Ergebnisse der Studien habe ich mir natürlich ausgedacht. Ich wollte dich ein bisschen um den Finger wickeln. Machen alle Dealer. Und es ist doch okay für dich, dass sie es tun oder etwa nicht?

Jeder Sucht liegen zwei antreibende Strukturen zugrunde: Die Sucht nach schlechtem Gewissen und die Sucht nach Beruhigung des schlechten Gewissens.

Wahr ist: Sucht ist gesund. Sie weist dich auf etwas hin – nämlich, dass ein Rad am Bollerwagen *nicht ganz* ist. Wer keine Sucht hat (also »glaubt, keine Sucht zu haben«), geht nie auf die Suche nach einem Schreiner, der es reparieren kann. Er bleibt starr, verharrt an seinem Platz, entwickelt sich nicht. Und wer sich nicht entwickelt, hat keine Chance auf ein gesundes, fröhliches, leichtes und authentisches Leben! Niemand, der glaubt, nicht süchtig zu sein, wird das Leben jemals *ganz* nehmen oder sich gar in den Dienst des Lebens stellen, denn er hält sich ja für gut, gesund, perfekt ...

Da du hier ein Qyoma-Buch in der Hand hast, das von einem verrückten Geistheiler geschrieben wurde, der sich nur ein bisschen mit dem Thema Sucht auseinandergesetzt hat, musst durch das Folgende wohl durch. Es ist nämlich Zeit für eine neue Übung.

Sie nennt sich „Rausch" und hat mit dem Foto rechts gar nichts zu tun. Also schnell umblättern.

NATURAL
SPIRIT
Rauchen macht extrem glücklich und verlängert das Leben erheblich.

... für mehr bewusstsein ...

... energieanhebung und klarheit

Die Anwesenheit des Symbols entweder als Objekt oder im Bewusstsein des Anwenders hebt die Schwingungsfrequenz in seiner Umgebung an. Es unterstützt Körper und Geist bei Klärungsprozessen und dient dem Auftanken. Somit steigert es Vitalität und Lebensqualität. Es fördert klares Denken, Konzentration und entsprechende Kommunikation. Meist wirkt sich das auch auf Kreativität positiv aus.Therapeutische Prozesse können mit dem Symbol unterstützt und gefördert werden.
Es leitet Transformation ein.
Das Symbol wird schwungvoll gezeichnet. Beginne mit einer kraftvollen Bewegung nach rechts (1). Schließe einen U-Turn an, der nach unten (2) geht und dann nach rechts führt. Diese Linie wird zu einer schwungvollen Spirale, (3), die sich ca. zwei mal dreht.

rausch

Links erblickst du ein Symbol. Es ist Teil des Qyoma-Systems zur Geistigen Heilung durch Rückerinnerung an die heile Seelenmatrix. Es ist eins der Kern-Symbole, die die Energiefrequenz des Bewusstseins anheben.
Die Übung ist ganz einfach, du musst da auch nicht dran glauben. Sie funktioniert auf ihre Weise bei jedem. Sie geht folgendermaßen:
Du übst ein paar mal das Symbol, bis du es in etwa zeichnen und visualisieren kannst.
Von jetzt an visualisierst du es immer, wenn du dein Suchtmittel einsetzt. Am besten vorher. Du kannst es auch währenddessen machen. Auch gerne danach noch mal.

Die Wirkung? Lass dich überraschen.

An die psychologisch geschulten Leser: Nein. Ich versuche nicht, eine neue Sucht zu erschaffen. Das Symbol hat eine andere Wirkung. Es ist kein Substitut für irgendetwas. Wenn du das aber weiter glauben willst, bitteschön. Dann halt einfach die Klappe bzw. teile deinem überaus schlauen Verstand mit, dass er auch die Klappe halten soll, indem du es zusätzlich am besten vor jedem Gedanken nutzt. Da dir das wohl nicht gelingen wird, musst du halt gucken! Ach, was. Mach es einfach immer und immer wieder, du denksüchtiger Kontrollfreak.

sucht nach „ja, aber“

Willst du deine Sucht transformieren, ihr Potenzial freilegen? Dann sollen alle »Ja, abers« jetzt hinfällig sein. Es geht hier nicht darum, dass du dich besonders anstrengst, sondern dass deine »ja, abers« zu einem »*Ja* und Punkt« werden. Und zwar mit aller Passivität, die dir zum jetzigen Zeitpunkt möglich ist.

Viele Süchtige beginnen mit Entzug. Entzug ist ein »Ja, aber«.

Sag doch bitte erst mal »*Ja* und Punkt« zu all den Schäden, die du angerichtet hast und auch noch anrichtest.

Sag *Ja* zu den Schuldgefühlen dir selbst und anderen gegenüber.

Sag *Ja* zu deinem Suchtmittel. Du liebst es, und das schon seit Jahren. Du hast es geheiratet, mit ihm geschlafen, es eingeatmet, getrunken. Es darf durch deine Graue Masse rauschen, durch deine Adern, deine Lungenbläschen. Es durchflutet dich bis in jede Zelle, darf sie zerstören, das Wachstum von Krebszellen fördern. Du schmeckst es, du riechst es. Du *bist* es schon ganz.
Du hast mit ihm mehr Verbindung, als du jemals zu einem geliebten Menschen zulassen wirst. Du warst

intimer mit ihm als mit dem geilsten Lover. Du lässt es näher an dich heran, als Gott. Nicht einmal mit deiner Mutter hast du das alles erlebt und wirst auch nicht erleben, was du mit deinem Suchtmittel bisher geteilt hast. Also, wieso »*nein*« sagen? Das ist bescheuert! Sag *Ja*. Es ist ein Teil von dir.

Sag *Ja* zu der Art wie du es anwendest.

Sag *Ja* zu dem Zeitpunkt wann, und den Umständen unter denen du es anwendest.

Angst, dabei draufzugehen? Das ist ein »Ja, aber...« Das »*Ja* und Punkt« dazu ist: Du wirst sowieso irgendwann draufgehen. Also, was soll der Scheiß?!

Und darf ich daran erinnern: Du hattest sowieso schon entschieden, das Leben nicht *ganz* zu nehmen, nicht mit aller Verantwortung zu leben, nicht alle Emotionen fühlen zu wollen. Also was soll der Scheiß?!

Und du hattest auch bereits entschieden, dein Leben früher enden zu lassen, als es ohne dein Suchtmittel der Fall gewesen wäre. Also was soll der Scheiß?!

Oder willst du nach außen hin edel wirken? Du hast sowieso entschieden, deine Außenwirkung durch ein Suchtmittel zu verzerren, also tu doch nicht mehr so, als

...noch mal zeit zum krakeln und motzen ...
egoist !
bumsnudel !!
durchgeknallter freak !!!
selbstverliebter theatraliker !!!!
www.ayoma.de
facebook/ayoma

sei das irgendwie edel. Was soll der Scheiß?!

Oder willst du verrottet wirken? Was ist das denn für eine Mitleidsnummer? Na, gut, wenn du es so willst: verrotte doch! Und bitte nicht nur ein bisschen, sondern tu wenigstens *das* mal *ganz*, mein Gott nochmal!

Süchtige, so wie du und ich, sind ein Leben lang damit beschäftigt, *Ganzheit* abzuwimmeln. Sie würden einer Fliege ein bisschen von den Flügeln stutzen, damit sie nicht mehr ganz ist. Aber nur so viel, dass sie noch fliegen kann. Ziel erfüllt und keiner merkt 's.

Zu harte Worte? Kein Wort kann härter sein, als das, was du da machst. Ich spreche hier nicht vom Suchtmittel, sondern vom *nicht-ganzen* Nehmen.

Nicht-ganz Nehmen ist eine knallharte Strafe.
Nicht-ganz Nehmen ist Selbstbestrafung und -zerstörung.
Nicht-ganz Nehmen ist feige und bequem.
Nicht-ganz Nehmen ist halbseiden, bigott, ambivalent.
Nicht-ganz Nehmen ist unfair.
Nicht-ganz Nehmen ist undankbar.
Nicht-ganz Nehmen ist Gotteslästerung und Blasphemie.
Nicht-ganz Nehmen ist langweilig.
Nicht-ganz Nehmen ist Mittelmaß.
Nicht-ganz Nehmen bedeutet immensen Kraftaufwand.

Was jammerst du also über meine Worte? Was regst du dich also über meine Provokation auf? Was sollen also noch weitere Ausflüchte? Lies einfach weiter und lass dich überraschen, was dein Bewusstsein damit anstellt.

Versteh' mich nicht falsch. Ich will dich gar nicht von deiner Sucht wegbringen. Das kann ich gar nicht. Und du auch nicht. Diesen Job übernimmt sowieso etwas Größeres als wir.
Außerdem bist du als Süchtiger viel interessanter für Andere!!! Sie können dich ganz toll für ihre Belange benutzen. Sie verdienen wirklich eine Schweinekohle an dir. Du bist im Zentrum ihrer Aufmerksamkeit, weil du wichtig bist. Also, deine Sucht loswerden ist die größte Scheiße. Für dich und für alle anderen und für die Wirtschaft auch. Lass es also lieber bleiben. Es hat keinen Sinn. Du gehst *mit* deiner Sucht allen auf den Zeiger. Und ohne sie aber auch.

Ich finde deine Sucht toll, weil du deshalb mein Buch gekauft hast. Und du wirst mich anrufen. Vielleicht nicht jetzt, weil du noch irritiert und sauer bist, weil ich dich hier so anbluffe. Aber irgendwann wirst du dich an mich erinnern, meinen Namen in google eingeben und dann klingelt mein Telefon – und meine Kasse. Super. Da freue ich mich jetzt schon drauf. Wieso sollte ich dir also deine Sucht wegnehmen wollen?
Und die Ärzte? Sowieso nicht. Kannst du dir in etwa

denken, wie viel die ganzen Suchtkliniken kassieren? Die Rückfallquote liegt bei über 95%. Und hier rede ich nur von der offiziellen Zahl. Alle Geheimsüchte, die sich nach einem »erfolgreichen klinischen Entzug« in deiner Seele festgesetzt haben, sind damit nicht erfasst. Ich denke, die realistische Rückfallquote kann nur bei 100% liegen. Hauptsache, man hat ganz viel an dir rumtherapiert und tausende Euro dafür eingestrichen!
Du wirst missbraucht! Und welcher Missbraucher würde sich freiwillig anzeigen? Ganz im Gegenteil. Was wird er stattdessen versuchen? Er wird das Opfer, also dich, zum Täter machen zu wollen. Im Klartext sagt er: „Du bist süchtig. Und deshalb bist du verachtenswert."

Und soll ich dir noch ein erschreckendes Geheimnis verraten? Selbst die »Helfer« denken so. Sie tun nur so toll, weil sie ihr verschissenes kleines Ego mit dir und deinem Sucht-Elend aufpolieren wollen. Tief innen drin sagen sie zu sich selbst „ich bin verachtenswert" und weil das so weh tut, projizieren sie eine verdrehte Form davon auf dich.

Und? Schon wach? Oder schläfst du noch? Was macht deine »Bewusstheit«? Du findest hier ein paar lustige Formulierungen, die du mit dir herumtragen oder mit anderen teilen kannst, während du mit ihnen kiffst, säufst oder dich gemeinsam mit ihnen für eure Karriere zu Tode arbeitest.

Herr, wie zum Teufel komme ich denn endlich mal ins Hier und Jetzt?
Indem du dich total anstrengst, total unerträglich leidest, siebentausend Stunden am Stück meditierst, auf dein Suchtmittel verzichtest und an mich glaubst, und zwar als EINZIGE Wahrheit ...
... übrigens, deinen Arsch musst du auch verkaufen.
WAASS?
Sorry, habe nur aus deinem Innenleben vorgelesen.
INNEN-LEBEN

Kommt das an, was ich hier von dir möchte? Du wirst es merken. Es gibt nur zwei Möglichkeiten:

a) Du schmeißt das Buch weg, wenn nicht bereits geschehen. Das zeigt mir: Du versuchst immer noch, deiner Sucht mit einer Gegensucht beizukommen. Glaub' mir: Ich habe meine Kohle schon. Mir ist es scheißegal, wie du es machst.

b) Du gehst nach Beendigung der Lektüre mal so richtig *fett* einen Saufen oder was auch immer deine Sucht ist. Vielleicht machst du auch noch mal eine so richtig derbe, hochheilige Selbsterfahrungsgruppe oder versuchst deine Kinder mal so *richtig übel* zu kontrollieren. Jedenfalls ist nach Ende der Lektüre nicht dein Suchtmittel weg, sondern du wirst es mehr lieben und genießen. Das bedeutet: Du hast es geschnallt.
Damit ist dein Weg aber nicht zu Ende. Nein, nein. Ganz im Gegenteil. Damit fängt er erst an. Etwas in dir hat Feuer gefangen. Und du entscheidest, ob das Feuer weiter brennt oder ob du es wieder ausgehen lässt.

Lies das Buch zehn, zwanzig mal, dann brennt es weiter. Lies es, bis eine neue Sucht daraus wird, dann lies es noch öfter, so lange bis es dich ankotzt. Dann ergreift das Feuer alle deine Suchtmuster und transformiert sie. Zunächst in andere, neue, raffiniertere Süchte. In edlere Süchte. In spirituellere Süchte. In heilige Süchte. In großmütige

Süchte. Dann noch nicht aufhören. Weiter machen. Erst wenn dir vollkommen gleichgültig wird, was hier drin steht, du anfängst über meinen scharfen Ton zu lachen, dann bist du für eine Sekunde raus aus der Nummer. Aber bilde dir nichts ein. Es ist nur *eine* Sekunde. Länger nicht. Sofort strickt sich wieder ein neues Suchtmuster.

Ganz spirituell ausgedrückt ist der Notausgang aus der Sucht immer nur der volle und ganze Eintritt ins *»Hier und Jetzt«*. Aber ein Buch aus nur diesem einen Satz wäre deutlich schwieriger zu verkaufen. Stattdessen noch ein paar fiese Fakten gegen »Ja, abers«:

Wir können in **jeder** verschissenen Sekunde unseres Lebens im Hier und Jetzt sein. Egal, was außen ist oder welche Stürme innen toben.
Wir können **jederzeit** das Leben ganz nehmen. Es gibt nichts zu lernen, nichts zu tun. Es ist immer alles da. Mehr gibt es nicht, als das, was jetzt da ist.

Jede Wirkung, die ein Suchtmittel in uns erzeugt, kann auch ohne dieses Suchtmittel erzeugt werden. Du kannst also total heiß auf die Wirkung sein und sie erzielen, ohne das Suchtmittel haben, einnehmen oder ausleben zu *müssen*. Das macht doch frei, oder etwa nicht?! Und ist es nicht genau diese Freiheit, die wir uns alle heimlich wünschen?
Du, als Süchtiger, spielst mit deinem (Innen-)Leben,

forderst Gott heraus. Du sagst ihm „du hast mit mir was nicht richtig gemacht" und willst es ihm mal so richtig zeigen. Wenn du das kannst, dann mach das Gleiche doch mit deinem Suchtmittel! Zeig' dir, dass du es kannst! Beim Spielen gibt es Gewinner und Verlierer. Beim Spielen hat man Spaß. Beim Spielen hat man alle Gefühle. Beim Spielen erlebt man Intensität.
Für Spielsüchtige: Tritt bei jedem Spielen gegen Gott an!

Der Ausweg aus der Sucht ist das Spiel und die spielerische Kreativität. Am Ende gibt es einen *Shift*, einen übergangslosen Sprung in eine neue Dimension. Dann kannst du plötzlich nicht mehr über »Los« ziehen und € 4000,- einstreichen. Dann fegt es dir plötzlich dein Spielbrett weg. Zack. Spiel zu Ende. Alles klar. Alles hell.

Sorry, wenn es zu doof und einfach klingt. Ist aber so. Nur den Zeitpunkt bestimmen wir leider nicht selbst.
Aber wir haben Einfluss auf die Wucht dieses *Shifts*. Je mehr wir in unser Suchtmuster eintauchen, es erforschen und vor allem Leben, desto fetter und geiler wird der Sprung. Ein Rausch, den kein Heroin der Welt jemals erzeugen könnte.
Entscheiden wir uns für die schrittchenweise, quälende Sucht-Therapie mit unzähligen langatmigen, sich im Kreis drehenden Gesprächen, ist der Sprung etwas langweiliger.

Wählen Sie Ihren Weg bitte gemäß Ihres Suchtmusters, und haben Sie dabei bitte so wenig Spaß, wie möglich!

noch ein lustiges spielchen

Traust du dich, noch ein Spiel zu spielen? Es heißt „Ich sage Ja".
Auf der umliegenden Seite findest du ein weiteres Symbol aus dem Qyoma-System der Geistigen Heilung durch Rückerinnerung an die heile Seelenmatrix bla bla.
Es sagt „*Ja*". Wo immer du es hinvisualisierst, in was auch immer du es hineinbringst, wann immer du es benutzt, überspringt es deine verschissenen Würmer im Kopf und ruft ein entschiedenes „*Ja*". Es signalisiert dem Zuhörer, der in dem Fall das Universum ist, dass du bedingungslos zustimmst – ohne Ausflucht, ohne die Möglichkeit des Widerrufs (siehe AGB). Es erkennt an, was ist.

Du glaubst es nicht? Probier es aus. Mal es auf dein Suchtmittel, so gut es eben geht. Auf die Flasche, die Zigarette, vor deinem inneren Auge auf deine Gedanken – wie auch immer. Und mal es auch mal auf dich selbst, auf dein Spiegelbild, deine Seele, in dein Herz, in deine Verletzungen hinein. Vielleicht mal auf Mama und Papa, Oma und Opa, den Onkel, der dich missbraucht hat und so weiter.
Sonst nichts. Ganz einfach. Man muss es halt tun. Es sagt Ja. Na, ja.. ehrlich gesagt sehe ich da keine großen Chancen für dich. Leider habe ich kein Symbol für „na, ja..." oder „ja, aber ..."

... für bedingungslose zustimmung ...

... einverständnis und anerkennen was ist

Das bewusste Einsetzen des Symbols schafft Lebensfreude und Weite. Wahrheit kann entschleiert werden. Das Zeichen erinnert an die Fähigkeit zuzustimmen, Dinge so zu nehmen, wie sie sind, ohne zu resignieren oder kleinbei zu geben. Die Kraft, die auf diese Weise in uns entsteht, bringt Neues hervor, das über Ergebnisse von Planen oder Denken hinausgeht. Das Zeichen kann in Bezug auf Situationen oder Personen angewendet werden, bei denen es Widerstände gibt.

Wenn du es zeichnen möchtest, beginne mit der linken Senkrechten (1) von oben nach unten. Danach folgt die rechte (2), ebenfalls von oben nach unten. Sie ist etwa gleich lang. Am Ende füge in einem spitzen Winkel eine große Schlaufe (3) an, indem du den Bogen erst nach oben führst, dann einen Halbkreis nach unten ziehst, der mit einem Schwung beendet wird. Das Ende dieser Linie liegt in etwa vor dem Ende einer gedachten Verlängerung der senkrechten Gerade (4). Am Schluss wird etwa in die Mitte dieser Schlaufe ein Punkt gesetzt (5).

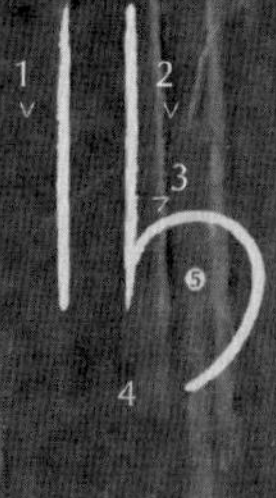

bisschen seriös muss sein

Ja, ich kann auch seriös. War mal eine Sucht von mir. Heute nenne ich das therapeu-süchtig. Aus diesem Rausch von Vernunft und Weitsicht ist folgender Erguss entstanden:

Sucht ist eine Art der Selbstregulation. Hierzu stelle ich, für die ernsthaft-süchtig Interessierten mal das Konzept vor. Natürlich in der Hoffnung, dass du nicht begreifst, was ich meine und es dir auch keinen Spaß macht, darüber etwas zu erfahren. Aber wenn es dein Spiel vertiefen kann, bitteschön:

Aus Sicht von Tief berührt® hat jeder Mensch einen süchtigen Teil in sich, der sich auf unterschiedliche Weisen auslebt und ausdrückt.

Die Art und Weise, wie er sich zeigt, wird von selbstregulierenden Kräften im festen und feinstofflichen Körper bewegt und bestimmt.

Sind diese Kräfte schwach und untrainiert, drückt sich der süchtige Teil in selbst-hemmendem bis selbstzerstörerischem Verhalten aus. Hier greifen die Definitionen, die die Schulmedizin zum Thema Sucht festgelegt hat, zum Beispiel der Drogenmissbrauch, wie Alkoholismus oder Nikotinsucht. Diese Beschreibungen beziehen sich auf einen Ausschnitt aus einem in Wahrheit viel breiteren Spektrum der Sucht.

Ist die Selbstregulationskraft in einem System, also einem Individuum oder einer Gruppe stärker ausgeprägt, verändert sich der Ausdruck der Sucht bzw. das Suchtverhalten. Es wird ätherischer, wirkt auf Anhieb weniger destruktiv. Verhaltenssüchte finden hier ebenfalls ihren Platz, wie zum Beispiel Ehrgeiz, Eifersucht und Stolz.

Das dahinter liegende Muster ist in seiner Grundstruktur immer gleich. Es hat einen unwiderstehlichen Drang, sich einem bestimmten Reiz-Reaktions-Zyklus auszusetzen, der entweder psychisch, physisch oder psychosomatisch ist. Das bedeutet, der Süchtige möchte immer wieder „Erleichterung" fühlen. Oder „Resignation". Oder „Betäubung". Was Süchtige im Detail möchten, ist sehr vielfältig und je nach Stärke der Selbstregulation mal mehr, mal weniger erkenn- und benennbar.

Daher ist die Grundlage von Sucht aus Sicht von Tief berührt® dieser Drang.
Scheinbar stehen selbstregulierende Kräfte und dieser Drang im Gegensatz zueinander. Das ist nicht der Fall. Sie sind Spieler in ein und dem selben Spiel und können sich gegenseitig stärken. So unglaublich es klingt, doch im Kern der Sucht liegt etwas verborgen, das den

Süchtigen heilen wird. Die Heilung erfolgt in dem Moment, in dem der Drang und die Selbstregulation zur Einheit verschmelzen.

Die einfachste und schnellste Variante dieser Verschmelzung erlebt man in der Zen-Meditation. Der Drang taucht auf, man lässt ihn wirken, ohne etwas damit anzustellen. Anfangs hat man das Gefühl, er wird einen umbringen. Das legt sich und differenziert sich in allmähliche Einsicht, dass eine andere Identität getötet wird. Eine Identität, die sich wie ein Krebsgeschwür an bestimmten psychologischen Vorgängen festklammert, sich verhärtet.

Getötet wird die Identität,

- die den Drang und die Selbstregulation nicht verschmelzen lassen möchte.
- die die andauernde gleichzeitige An- und Abwesenheit von Gott verleugnet.
- die glaubt, Materie sei das einzige, das existiert.
- die das Risiko des Lebens scheut und vermeidet.
- die sucht, statt zu finden.
- die immer noch glaubt, dass das „wenn … dann …"-Prinzip auf alles anwendbar ist.
- die versucht das Leben zu verstehen.
- die an die Macht und Wirkung von Kontrolle glaubt.
- die unterscheidet und urteilt.

Diese Liste erhebt keinen Anspruch auf Vollständigkeit.

Der Drang ist, so lange wir auf der Erde wandeln, immer stärker als die Selbstregulation. Das ergibt deshalb Sinn, weil Gott sich vor unserer Schöpfung überlegt hat, auf welche Weise er uns dazu bewegen kann, unsere Körper zu verlassen und sich wieder zu ihm hin zu begeben. Der Drang ist also die Bewegung zu Gott. Der Kern der Sucht ist also Ausdruck der Bewegung zu Gott. Sucht ist eine Art und Weise, wie sich Bewegung zu Gott ausdrückt.

Die Selbstregulation wurde uns geschenkt, weil Gott wollte, dass wir nicht sofort nach der Geburt den Körper verlassen müssen, sondern noch eine Weile auf der Erde leben und unsere Erfahrungen sammeln. Selbstregulation ist also die Möglichkeit, Kraft umzulenken, zu differenzieren, miteinander zu teilen, sie auszuleben, auszudrücken, wahrzunehmen, zu fühlen, zu erden.

Es gibt eine Art Magnetismus, der von beiden Spielern ausgeht. Nähert man sich zu sehr dem einen, dem Drang, ohne zu regulieren, verwandelt sich das Suchtmuster schnell in eine ätherische egozentrische oder spirituelle Sucht. Selbstregulation wird geschwächt und man entwickelt einen inneren Energiestau, der jedes wirksame Verhalten fördert, durch den er weiter verstärkt wird. Man hebt ab. Man vereinsamt. Ein Superego entsteht, das sich für außenvor hält.
Nähert man sich der Selbstregulation zu stark, ohne den Druck des Drangs auch aushalten zu lernen, gibt man

sich der Katharsis, dem Ausagieren hin. Dann flacht der Drang ab. Dies erzeugt Schwere, Dichte, Emotionalität, Dumpfheit. Auch hier entsteht ein Superego, das sich vollkommen nach dem ausrichtet, was es kontrollieren, sehen, anfassen, selbstmachen kann und nichts anderes mehr duldet.

Jedes Suchtverhalten löst sich in dem Moment, in dem übermäßiger Drang durch selbstregulierende Muster entspannt wird oder übermäßige Selbstregulation (Katharsis) zu Drang verwandelt wird.

Gäbe es Menschen, die nicht süchtig wären, hätten sie ein ausgewogenes Verhältnis zwischen Drang und Selbstregulation und wären in jeder Sekunde in der Lage, beide Kräfte miteinander interagieren zu lassen.
Es eröffnet sich jedes Mal die Möglichkeit, dass diese beiden Kräfte mehr Platz bekommen und sich dadurch ins Unermessliche steigern können. Das fühlt sich im Körper an wie ein starker Energiestrom, der durch die Wirbelsäule schießt. Der ist für Ungeübte kaum auszuhalten und wird vom Süchtigen durch seinem Suchtmuster gemäßem Denken und Muskelanspannung gebremst. Ein Süchtiger zieht sich an dieser Stelle somit zurück und sucht nach Drang *oder* Regulation (bzw. Ersatz-Drang oder Ersatz-Regulation durch das Suchtmittel). Die Spaltung wird verstärkt, setzt sich fest, weil das zu funktionieren scheint. Das ist eine Konditionierung.

Ein Nicht-Süchtiger erkennt die Möglichkeit der Raumerweiterung und lässt sie zu. Das sprengt in der Regel sein Bewusstsein und die Welt, die er sich bis dahin erschaffen hat. Seine Resonanz wird hierdurch extrem verändert.
Auf dem neuen Niveau erarbeitet sich der Nicht-Süchtige erneut das ideale Zusammenspiel von Drang und Selbstregulation und bewegt sich wie durch eine fremde Landschaft, ohne eine Landkarte zu haben. So verhindert er eine neuerlich drohende Spaltung.

Dieses Dritte, das hinzukommt, wenn Drang und Selbstregulation sich finden und vereinen, nenne ich Raum bzw. Kapazität für überpersönliche Liebe, Klarheit, Wachstum, Mut und Bewusstsein – kurz Liebe genannt.

Dieser Raum wächst im Übrigen auch von ganz allein. Dies ist ein Vorgang, der mit der stetigen Ausdehnung des Universums zu tun hat und damit konform geht. Daher haben wir als Menschen keine Wahl, als uns immer und immer wieder mit dem Zusammenspiel von Drang und Selbstregulation auseinanderzusetzen. Das nennt man Sucht. Oder auch Erdenleben. An dieser Stelle schließt sich der Kreis, aus dem ersichtlich wird, dass Suchtbekämpfung gleichbedeutend mit Lebensbekämpfung ist.

Menschen, die glauben, nicht süchtig zu sein, haben ein ausgewogenes Verhältnis zwischen Drang und Selbstregulation, lassen aber keine Verschmelzung dieser beiden Kräfte zu. Sie bleiben gespalten, so wie ihre Seele. Die Liebe zwischen Mutter und Vater kann innen nicht zusammenkommen. Gott und Materie werde innerlich nicht vereint. Es findet kein Anwachsen der Kapazität dieser Kräfte statt. Der Raum für Liebe wächst nicht, weil immer Luft herausgelassen wird (Regulation), oder weil er durch zu viel Drang, die durch zu viel Sturm, überfordert ist.

Im Übrigen ist die Dynamik von Drang, Selbstregulation und stetigem Anwachsen der Liebe bei der Ausübung von Sexualität sehr deutlich spürbar. Am Maß, in dem Wolllust und sexuelle Erregung zugelassen werden können, ohne ausagiert zu werden, ist erkennbar, inwieweit Drang und Selbstregulation derzeit miteinander sein können. Bei steigender Wolllust nimmt der Drang zu, übersteigt die Selbstregulation. Es muss zum Ausagieren, zu einer Handlung kommen.
In der Millisekunde vor dem Orgasmus sind beide Kräfte im wieder im Einklang. Wenn der Orgasmus einsetzt, greift die Selbstregulation. Das Ausdehnen des Raums für Liebe wäre gleichbedeutend mit dem Moment der Befruchtung.
Somit bestätigt sich die Theorie Wilhelm Reichs, dass die Hemmung der sexuellen Energie in unseren Körpern, durch zum Beispiel Kontrollmechanismen oder Moralvorstellungen, unsere Neurosen und damit

... was faselt der da von liebe ...???!
minus-mensch !
lebens-fake!
kranke kackwurst !

auch unsere Süchte hervorbringt. Das Ausleben von Drang und Selbstregulation und ihre Vereinigung werden unter Zwang gesetzt, in ein Flussbett gepresst, bis hin zu vollkommenen Vermeidung beider Kräfte durch *zunehmende* Abspaltung.

**Bringt man Liebe und Sucht zusammen,
zerschellt die Sucht
und ihre Teile lösen sich in der Kapazität.**

Emotionale Liebe ist der Einstieg für überpersönliche Liebe und der Einstieg in die Lösung von Suchtmustern. In Liebesbeziehungen wird dies angestoßen und ausgelebt. Hier wird das Zusammenspiel von Drang und Selbstregulation neben Sexualität auch durch Reibung, Abgrenzung, Symbiose und stetige Wiederannäherung der Partner ausgedrückt.

schau dich um

Hast du denn auch schon mal die Leute in deinem Umfeld angeschaut? Gibt es da vielleicht eine oder mehrere Verfolger-Personen,

- die dir deine Sucht mies machen?
- die dir die Gefahren aufzeigen?
- die glauben, dass sie es besser können als du?

Gibt es da vielleicht eine oder mehrere Dealer-Personen,

- die dir das Suchtmittel immer wieder besorgen?
- die immer wieder die gleiche Art der Gefühle in dir auslösen?
- an denen du erkennst, dass sie deine Sucht aufrechthalten?

Gibt es da vielleicht eine oder mehrere Helfer-Personen,

- die sich deine Sorgen und Nöte anhören?
- die dir mit gutem Rat und vielleicht auch guter Tat zur Seite stehen?
- die mitleids- und / oder anteilnahmsvoll für dich da sind?

Gibt es da eine oder mehrere Opfer-Personen,

- denen deine Sucht schadet?
- deren Beziehung unter deiner Sucht leidet?

- zu denen du aufgrund deiner Sucht eine geschädigte Beziehung hast?
- die aufgrund deiner Sucht aus deinem Leben gegangen sind (freiwillig oder unfreiwillig)?

Die gute Nachricht: Das ist alles normal. Die schlechte Nachricht: Alle diese Personen unterstützen deine Sucht. Daraus folgt eine total super Nachricht:

Sucht ist für viele die erste Erfahrung von *Gemeinsamkeit* !

Was gibt es also zu tun? All die Personen erschießen, die deine Sucht passiv oder aktiv unterstützen? Neue Freunde suchen? Vergiss es. Es handelt sich um ein so genanntes „mitsüchtiges Feld". Alle Personen, die daran beteiligt sind, haben etwas davon, dass du süchtig bist. Das macht es natürlich nicht leicht, an dieser Stelle einen Ausstieg aus der Sucht zu finden. Denn was würde passieren? Die Menschen, die etwas von deiner Sucht haben (und du von deren, zum Beispiel Verfolgungssucht, Geldsucht, Helfersucht ...), wären sehr entsetzt, wenn plötzlich einer aus diesem engen und symbolischen Verbund aussteigen und sie mit ihrem Spiel allein lassen würde. Deshalb entscheidest du, dass du mitspielst. Der Gegenwind wäre zu stark. Die Angst, aus dem Verbund exkommuniziert zu werden, ist zu stark. Die Angst, davor, das Eigene zu leben, ist zu stark, weil dich dann eine Kraft durchströmen würde, die deinem Ego Angst macht.

Vergiss die Idee, dass man das Aussteigen aus einem Suchtmuster bewusst „herbeiführen" kann. Man kann es hingegen *bewusst* herbeiführen. Die Gefahr beim bewussten Herbeiführen besteht darin, dass du etwas tust, das nicht mehr aussieht wie deine Sucht, sie aber immer noch ist. Solltest du jetzt auf die Idee kommen, plötzlich dein Eigenes zu leben: vergiss es. Es ist nicht dein Eigenes. Es ist ein Produkt der neu gekleideten Sucht. Dein Weg, dein Eigenes, deine Authentizität ist ganz anders als du dir jemals vorstellen würdest. Sorry. Der Weg ist *Bewusstheit*, doch sie führt dich. Du gehst, aber sie ist das Navi. Tu so, als würdest du den Weg nicht kennen. Dann verlässt du dich ganz auf die Anweisung.

Da du als Süchtiger nur auf Ersatz-Süchte anspringst, biete ich hier eine an: die Sucht nach Bewusstseinserweiterung durch bewusstes, authentisches, ganzes Erfahren und Leben und Anhebung deiner Schwingungsfrequenz. Klingt super, was? Auf jeden Fall wartet ein Trip auf dich, den du mit keiner Droge so erleben kannst.
Für Schwächlinge gibt es hier noch eine weitere Alternative: Die Sucht nach Emotionen, egal welcher Art. Aber Vorsicht, Suchtgefahr!

Und wenn das auch nicht für dich geht, dann werde wenigstens süchtig nach der Sucht, du Loser!

Doch lieber wieder ein paar Überstunden?! Oder Überstunden mit emotionalem Überschäumen?

Doch lieber wieder eine Zigarre?! Oder einfach mal eine, die gaaanz laaangsam und mit Bewusstsein geraucht wird?

Doch lieber wieder eine Schmerztablette?! Und dann mal nachspüren, wie man von innen abstumpft, betäubt wird, so als würde man verschwinden?

Doch lieber wieder nach Anerkennung heischen?! Oder nach Anerkennung heischen und mitbekommen, wie nervig man damit ist und die Ablehnung der Anderen mal in Form von Hormonen und Botenstoffen durch die Adern fließen lassen?

Doch lieber wieder ein Glas Bier oder Wein – Nur eins?! Wie wäre es, dieses eine mit Gier runterzukippen, mit totaler Erwartung, Hoffnung auf eine bessere Welt und bessere Eltern?
Doch lieber wieder ein paar Gefühle runterdrücken und abspalten?! Klar. Immer wieder gerne, vor Allem, wenn du es gar nicht möchtest, weil die Gefühle doch so schön sind.

Doch lieber wieder zu viel reden?! Oder einfach mal so viel über deine Gefühle reden, wie du willst?

Doch noch ein paar Sitzungen und Selbsterfahrungsgruppen besuchen?! Oder mal hingehen und *nichts* dazulernen oder mitnehmen?

Und? Ihr Sexsüchtigen da draußen? Heute schon gepoppt? Und wenn ja, auch schon mal an der Person gerochen, die da unter dir lag? Ich meine jetzt nicht das Parfum, sondern die Ohren, Oberarme, Achseln, den Schambereich ... Und ich meine nicht, mal kurz die Nase ranzuhalten, sondern wirklich den Duft bis in die letzte deiner Hirnzellen fließen zu lassen und dabei zu fühlen, was das im Körper macht. Wie war das?

Hör auf, dich für deine Sucht zu verurteilen. Das nennt man im Übrigen „Verurteilungs-Sucht." Das schafft nur noch mehr Sucht. In dem Moment, wo du beginnst, deine an dir selbst zu lieben, verschwindet sie. Aber dazu kann man nichts „machen". Man kann nur etwas „seinlassen." Mit der Sucht verschwinden natürlich auch die ganzen Vorzüge, die man so als Süchtiger hat.

Also wenn ich es mir jetzt recht überlege: lass es.

ohne umweg in die ...

Was bringt mir das Buch hier?

Auf welche Weise hilft es?

Werde ich mit diesem Buch meine Sucht los?

Wenn nein, wie kann ich sie loswerden?

Wozu soll das überhaupt alles gut sein?

Haben meine Eltern mich geliebt?

Werde ich das Leben je verstehen?

Was mache ich falsch?

Mache ich auch was richtig?

Hat das Leben einen Sinn?

Gibt es einen Gott?

Wenn ja, wird er mit helfen?

Wenn ja, wie und wann?

HÖLLE!

emotionssucht

So wie du nach Nikotin, Alkohol und Schokolade süchtig werden kannst, kannst du es auch nach Emotionen. Mach dich süchtig. Feier das. Auch mit anderen. Mach dich süchtig nach Emotionen.
Wie geht das? Indem du dich dran gewöhnst, dir diesen Stoff immer wieder zuführst.
Und wenn du danach süchtig bist, dann feiere auch das. Feier deine Emotionen und werde süchtig, danach, die in Bewegung zu bringen, sie nicht festzuhalten, sondern immer mehr und unterschiedliche zu haben und selbst zu erzeugen. Wenn du es nicht allein schaffst, nach Emotionen und emotionaler Bewegung süchtig zu werden, such dir einen Dealer.

Ein Emotions-Drogen-Dealer ist

- jemand, in den du verliebt bist.
- jemand, der dich den ganzen Tag auf die Palme bringt.
- jemand, der total stumpfsinnig ist und dir all seine Übertragungsreaktionen auferlegt und sie dich für ihn abarbeiten lässt.
- jemand, der selbst total emotional ist und dich einfach ansteckt.

Im Zweifelsfall geh' zu Mutti und lass dir von ihr ein paar deiner verschlissenen Unterhosen stopfen, während sie dir erzählt, wie du dein Leben zu gestalten hast. Spätestens das wird dich vollkommen nervös und wütend machen. Dann hast du schon ein mal einen Einstieg.

Emotionen kann man einatmen, sich von ihnen durchfluten lassen, ganz in ihnen verschwinden, total die Kontrolle verlieren. Aber man kann sie auch abwürgen. Auch das musst du mal getan haben, um wirklich vollkommen und ganz süchtig zu sein, so ein richtiger, echter harter Emotions-Drogensüchtiger. Du musst die verfickten Gefühle auch mal zu viel oder zu wenig genommen haben. Du musst sie zugelassen und kontrolliert haben. Du musst all ihre Vor- und Nachteile in dich hineinfließen gelassen haben. Man muss dich dafür verurteilt haben. Und du dich selbst auch, warum zum Teufel du so emotional bist.

Du musst der emotionale Abschaum gewesen sein und derjenige, den alle bewundern, weil er so toll ist. Ein richtiger Süchtiger, so wie du einer Werden willst, muss da durch. Mutti muss ihm helfen wollen, weil das doch so schlimm ist, was ihr Kind da macht und fühlt. Und Papi muss mal richtig einen draufgehauen haben, weil man so ein Weichei ist. Sonst ist es keine Sucht. Sucht ist kein Kinderspielplatz. Das ist etwas Ernstes. Und dazu gehören die gesellschaftlichen Facetten: die Ablehnung, das Erschrecken vor dir, die Spiegelung durch die Anderen und das Beipflichten.

Das alles kannst du nicht weglassen, auch nicht, wenn du eine »bessere« Sucht hast, als die anderen (haha!). Ganz im Gegenteil. Du musst dich sogar noch ein bisschen mehr bemühen, wenn du zu den »besseren« Süchtigen gehörst. Denn so ein Heroinabhängiger bekommt seine Streicheleinheiten von ganz allein. Und er geht von ganz allein durch die Hölle. Aber du? Mit deiner Sucht nach Emotionen? Du musst dir deine Hölle schon mit harter Kleinarbeit aufbauen.
Bei dir ist es eher so, dass sie von allein wieder einstürzt.

Erst wenn du süchtig nach Emotionen bist und dann süchtig danach geworden bist, wie sie sich im Körper verändern, dann darfst du süchtig werden nach Loslassen. Dann öffnet sich nämlich dein Energiekanal und du wirst zu einem Feuerofen, in dem die Dinge verbrennen, sich transformieren, zu Energie werden. Dann wirst du wahrhaft kreativ. Dann erkennst du, dass es nichts zu erreichen gibt, außer *ganz* da zu sein. Alles andere sind Luftschlösser.

Aber vergiss das für jetzt. Das willst du eigentlich gar nicht. Und das ist auch noch nicht dran. Vielleicht *nie* für dich – zumindest noch so lange, wie du nicht jede Silbe dieses Buches wiedergeben kannst – aber nicht auswendig gelernt, sondern durch Erfahrung angeeignet.
Ich denke, du hättest besser mehrere Exemplare bestellt. Nicht für andere. Für dich. Denn deines sollte irgend-

wann auseinanderfallen, weil du es so oft gelesen hast.

Schau in den Spiegel und sag:

Gott sei dank bin ich süchtig!

Wiederhole das Tag für Tag und auch mehrmals.
Was macht das?
Gott sei Dank bin ich süchtig. Gott sei Dank bin ich süchtig. Gott sei Dank bin ich süchtig.
Nimm diesen Satz. So wie er ist. Formuliere ihn nicht um. Kannst du dir dabei in die Augen schauen? Nein. Anfangs sicherlich nicht. Oder nicht ganz. Vielleicht mit Widerständen oder abgespaltenen Gefühlen und dann sagst du dir: »Klar kann ich das sagen und mir dabei in die Augen schauen.«
Nein, kannst du nicht. Wenn du ganz da wärst, könntest du es anfangs nicht. Du kannst es erst, wenn du durch die Hölle gegangen bist. Durch deinen Schmerz, deine Sehnsucht, deine Trauer, deine vereiterten seelischen Wunden.
Dann, da ganz am Ende steht ein Spiegel, in den du hinein schaust und in den du, mit allen Gefühlen, die zu dir gehören, endlich sagen kannst: Gott sei dank bin ich süchtig.
Aber zuerst setzt etwas ganz anderes ein. Nämlich die Denksucht. Sie lächelt dich freundlich an und fragt:

»Was soll dieser Satz?« Dann kommen die ganzen bescheuerten psychologischen Konzepte: »Ach ja, wenn man dankbar ist, dann löst das was und dann kann man frei werden und bla bla bla.« Denksucht eben. Macht nix.

Ist ja auch eine Sucht und da du zu diesem Zeitpunkt ja schon beschlossen haben solltest, deine Süchte zu zelebrieren, tu es. Lass dich von deinen Ideen über Sucht und Nichtsucht, Krankheit und Gesundheit und den ganzen therapeutischen Worten und Konzepten mal so richtig rannehmen! So lange, bis du zu deinem wohlverdienten, erlösenden Denk-Organsmus kommst, nämlich der Entscheidung: »Der Unger erzählt mir hier Blödsinn.«

Also ich denke, spätestens dann sollte es mit deiner Denksucht solche Ausmaße angenommen haben, dass du bemerkst, welchen Quatsch dir dein Verstand den ganzen Tag erzählt. Während du dich der Denksucht hingibst, rauch dir eine. Es ist gut, die Denksucht auf diese Weise zu zelebrieren, weil Nikotin deine Gefühlswelt betäubt. Dann hat der Kopf freie Fahrt. Wie willst du sonst deine Denksucht feiern, als so?! Wenn du Raucher bist: komm, ran an den Speck. Und wenn du keiner bist: dann fang jetzt mal eben damit an. Kannst ja wieder aufhören (äh, sorry. So geht es wohl nicht ... Moment. Muss mal nachdenken ... Okay, ich hab 's). Du *wirst* automatisch wieder aufhören. Ich kann es dir aus eigener Erfahrung sagen. Nachdem ich mit 35 beschlossen habe, anzufangen zu rauchen, habe ich nach meinem ersten Schock wieder aufgehört. Der war: Ich war total glücklich, hatte frei fließende Gefühle, die zu explodieren drohten und ich habe mir gesagt: „Ne, jetzt nicht“, zündete die Zigarette an, zog drei mal daran und plötzlich waren die Gefühle weg. Da sprach etwas in mir: »Ach du Scheiße!« Und zwar so laut, dass ich es nicht überhören konnte. Danach war jegliches Verlangen nach Zigaretten verschwunden.

Aber da bist du ja noch nicht. Du bist ja gerade bei der Denksucht. Dank doch dem lieben Gott mal für das Denken. Und zwar so richtig. Bedenke, alles ist irgendwann einmal vorbei – die schönsten Momente, die besten Unterhaltungen, der beste Sex, der spannendste Film. Aber das Denk-Radio, das kostet nichts (nicht mal GEMA oder GEZ) und hört niemals auf. Ist doch toll.

Danke Gott dafür, dass dieses Radio dir ermöglicht, fast immer vor dem Leben zu fliehen (statt dich darüber zu ärgern, dass es dir nie, also quasi gar nicht, die Möglichkeit lässt, am Leben teilzunehmen, weil es dir immer wieder deine alte Kacke neu aufbrüht und als Realität verkauft).

Dank Gott doch einfach mal dafür, dass er dir ermöglicht, ganz und gar Angst zu haben, ganz und gar verzweifelt zu sein, ganz und gar schlechte Laune zu haben, genervt zu sein (im Übrigen alles Produkte unserer Gedanken).

... ein letztes mal ...

Danke Gott für dein Denken, denn es schafft eine wunderschöne Traumwelt, in der du der Herr über alles bist.

Danke ihm für die Kontrolle und die wunderbaren Vorstellungen, wie Dinge zu sein haben, damit sie richtig und gut sind. Ich schmeiß mich weg! (Was hat er sich eigentlich dabei gedacht, der Idiot?!)

Danke Gott für dein Denken, das dir ermöglicht, niemals deinen dir selbst gesteckten Rahmen zu verlassen und über dich oder deine Familie hinauszuwachsen.
Und? Schon weichgekocht? Oder wenigstens verärgert? Immer noch nicht?

Danke Gott für deine Gedanken, die so heilig und spirituell sein können, wie es Gott selbst nicht übertreffen könnte. (Komm, der war gut, oder?)

Komm, gib 's ihm. Er hat es nicht anders verdient, der Blödmann. Ich kann 's dir ja verraten: Als Gott deine Gedanken geschaffen hat, war er bekifft! (Ich hab ihm den Stoff verkauft) Und er hat da gesessen und sich kaputtgelacht: »Ha, ha! Gedanken. So ein Quatsch! Das schenke ich denen, dann haben sie etwas zum Spielen.« So. Punkt. Also danke endlich für dieses Spielzeug. Und werd' erwachsen! Dazu bewege dich von der *Denk*sucht direkt in die *Dank*sucht. Gehe nicht über Los und ziehe keine € 4000,- ein.

Und hör bloß damit auf, anderen zu danken. Deinen Helfern oder mir. Danke dir selbst. Nämlich dafür, dass du so mutig warst, dein Leben auf 's Spiel zu setzen, dich selbst zu beschämen, zu demütigen und klein zu halten! Danke dir dafür. Und zwar aus tiefstem Herzen. Niemand würde dir je so viel Elend und Schmerz zufügen, wie du selbst! Und warum hast du das getan? Weil etwas in dir sich auf die Suche machen wollte. Dafür danke dir auch. Dass du zwar nicht wusstest, wie man sich so recht auf die Suche machen soll, aber es dennoch getan hast. Danke dir, dass du dich ausgepeitscht hast, damit sich etwas in dir in Bewegung setzt – selbst wenn es nicht weiß, wohin das führt.

Ich seh' schon. Klappt noch nicht so ganz mit dem »sich selbst danken«. Woran kann ich das »durch ein Buch hindurch« erkennen?
Weil ich so ein toller hellsichtiger Heiler bin, haha! Nein! Weil du noch liest! Sobald dieser Dank von dir an dich ehrlich ausgesprochen wird, ankommt und gefühlt wird, werden die Buchstaben verschwimmen. Unter deinen Tränen. Es gibt keinen anderen Weg. Es schmerzt, wenn du erkennst, was du da mit dir gemacht hast. Und alsbald verzieht sich der Schleier des Schmerzes und öffnet den Blick auf etwas Großes: die Selbstverzeihung.
Und ich kenn ja die Süchtigen ... (hasse mich ruhig für die folgenden Aussagen):

Sie schaffen es nicht, sich zu danken.
Schade.

Sie versuchen stattdessen, ihren Dank im Kopf zu erzeugen. Mit Denksucht. Und dann kommt die ganze therapeutische Denk-Kacke dazu. Und am Schluss, sobald sie glauben, dass sie sich jetzt selbst verzeihen müssen, denken sie sich ein Ritual oder sonstwas dazu aus. Sie bleiben in der Denksucht.
Schade.

Und wenn ich sage: »Hasse mich doch jetzt bitte mal ein bisschen«, schaffen sie nicht mal das. Oder hast du dich beim ersten Lesedurchgang etwa an den Fotos ausgetobt? Süchtige sind nicht mal in der Lage, ihren Selbsthass bewusst auf ihren Therapeuten zu *projizieren*.
Schade.

Stattdessen fallen sie in sich zusammen, dreschen wieder auf sich ein, greifen wieder zu irgendeinem Suchtmittel.
Schade.

Du hältst das ganze Buch hier für paradoxe Intervention? Oder für Provokative Therapie?
Schade.

Tschüss.

www.ayoma.de

facebook/ayoma

sucht und nicht-sucht

Oliver Unger, geboren 1977 in Bad Honnef, fasst die Essenz seiner therapeutischen und spirituellen Arbeit in seinem System Tief berührt® zusammen.
Tief berührt® mit seinen Heilsymbolen, den Qyoma, ist die Synergie der Erkenntnisse und Einsichten, die aus dem Familienstellen, der Energiearbeit und der neuroaffektiven Selbstregulation stammen.
Seine persönliche Erfahrung mit Sucht und Co-Abhängigkeit vertiefte er mit seinem ehrenamtlichen therapeutischen und sozialen Engagement für drogenabhängige Straßenkinder in Nicaragua.

Liebe Leserinnen und Leser,
ein weiteres oliver-portrait schenk ich mir hier!
vielleicht fragst du dich, was noch eine persönliche ansprache soll. und dann auch noch ohne großbuchstaben?!

vorweg: wenn ich mit den drogen-kids in nicaragua eins gelernt habe, dann ist es, dass in der therapie mit süchtigen, egal welcher art, eines konsequent übersehen wird: dem süchtigen endlich glaubhaft ein gefühl dafür zu geben, dass er okay ist, wie er ist. dafür muss man sich aber selbst erst okay finden und da hakt es dann bei fast allen therapeuten, vor allem den sucht-therapeuten.

ein zweites kleines detail muss absolut klar sein: du musst klar sein. auch daran scheitert es bei vielen therapeuten. sie denken nur, dass sie klar sind, aber sie sind einfach nur eng.

da komme ich zum dritten kleinen detail in der arbeit mit sucht: du brauchst innere weite und den mut, den süchtigen ganz zu lieben und zu nehmen. auch daran ... ach, denk dir den rest!

süchtige, die ich gesehen habe, so wie die straßenkinder, die ihre sucht behielten, glaubten unauthentischen menschen. sie glaubten, dass sie nicht okay sind und dass gott sie bestrafen wird, wenn sie ihren stoff weiter konsumieren würden. also griffen sie eine stunde nach der therapie wieder zur fluppe, zum glas, zur spritze – was auch immer – und sahen: gott straft sie nicht.

die kinder, die sich veränderten, letztlich arbeit bekamen, frei wurden von ihrer sucht, die wurden während der therapie berührt, in den arm genommen, gehalten. ihnen wurde ganz und gar zugehört. sie wurden geliebt und man vermittelte ihnen das gefühl: „ich nehme dich an, wie du bist." sie wurden streng erzogen, aber mit weitblick und achtung vor der verletzten seele. man schützte ihr verwundetes herz, damit sie selbst lernen konnten, es zu schützen und zu verteidigen. diese kinder gesundeten und wurden frei, auch von ihrem stoff.

sucht scheint ein spezielles thema in meinem leben zu sein. als kind süchtiger eltern bin ich selbst jede sekunde meiner zeit mit sucht, co-abhängigkeit und den folgen für körper, seele, geist beschäftigt. wundert mich, dass ich überhaupt noch zum denken oder geschweigedenn zum schreiben komme! ganz abgesehen vom fühlen.

alles begann eigentlich mit denksucht, denke ich. und dann kam die lernsucht. und dann die verflüchtigungssucht. das kann ich auch gut. da bin ich meister drin. dicht gefolgt von der perfektions- und verurteilungssucht, suchte mich dann die erfolgs- und arbeitssucht heim. noch fragen? (mann, freu ich mich über die satzzeichensucht !!? ...)

als ich dann von der sex- und beziehungssucht in die therapiesucht, spirituelle und die helfersucht stolperte und danach einen flug durch die arroganzsucht und die selbstsucht machte, begann ich mit der suchtsucht und damit auch zu rauchen. nikotin und was man sonst noch so in papierchen einrollt. ich trank das erste mal (für meine verhältnisse) exzessiv alkohol und fand mich damit toll.

da entdeckte ich etwas neues: dass ich mich toll fand. ich dachte zunächst, es hätte damit zu tun, dass diese rauschmittel das mit mir machten. aber nein, weit gefehlt. meine suchsucht und findesucht ließ mich die antwort finden: das erste mal wurde mir meine suchtstruktur auf einem goldenen tablett präsentiert und ich l(i)ebte sie, so wie ich meine eltern l(i)ebte. hahahahahaaaa!

doch jetzt bin ich erwachsen. ein freak – so ganz anders geworden, als meine eltern mich wollten und ich das geplant hatte. na, ja.
trinken habe ich wieder aufgehört. macht mir zu viel gedusel im kopf und halsschmerzen.
rauchen macht keinen spaß. stinkt und schmeckt nicht. sieht dazu auch noch total scheiße aus. (hast du mal ein foto von dir und deiner zigarette gemacht? sehr empfehlenswert!) obwohl der nikotin-rausch eigentlich ganz nett ist ...

von den eskapaden ist ein kleiner nutzen übrig geblieben. stand 2012: wenn ich mich mal wieder in meiner verflüchtigungsucht auflöse, stecke ich mir eine an. das ist selten und seltener werdend, doch schon ein zug hilft, mich wieder zu fühlen. ein teil des riesigen inneren konflikts, der unüberwindbaren überlebensängste und restlos zerstörten hoffnungen auf ein besseres leben wird für fünf minuten betäubt und macht sofort platz für die darunter liegenden gefühle: trauer, wut, schmerz. klingt toll, was?! haha! aber rate mal, was danach kommt?

dann ist der berg kleiner und ich muss nicht mehr abhauen. das ist mir wichtig. nicht abzuhauen, mich den dingen zu stellen. wenn der berg kleiner ist, kann ich

plötzlich atmen, was bedeutet, dass ich auch in meine gefühle hineinatmen kann.
in gefühle hineinatmen ist der hit. manchmal eine weile lang unangenehm, aber es ist wie eine geburt, denn es folgt immer lebensfreude und vertrauen in gott.

sucht - so what?!
sucht? gott sei dank.
sucht? nein. heute nicht mehr. dank der sucht.

Oliver Unger
dimensionen
der heilung
Selbstheilung durch Rückerinnerung
an die heile Seelenmatrix
Qyoma

qyoma - zehn angebote

Geistheilung und Rückerinnerung an Gott

Geistige Heilung, Quantenheilung und die Auseinandersetzung mit Gott gehören zusammen. Doch wie können wir mit diesen Wegen Gott bewusst erfahren?

Die Zehn Gebote aus der Bibel wurden durch Interpretation und Fehlübersetzung zu *Ver*boten und zu einer Messlatte für aufgesetzte Frömmigkeit verzerrt.

Dabei waren sie immer schon als Wegweiser zu Gott gedacht. Die moderne Sichtweise der Geist- und Quantenheilung ermöglicht uns, zu erleben, dass sie in Wahrheit *An*gebote sind, die wir annehmen können.

Eine Fibel, die daran erinnert, wie man immer und überall zu Gott finden kann, unterstützt durch die Qyoma Heilsymbole zur geistigen Heilung durch Rückerinnerung an die heile Seelenmatrix.

72 S, broschiert, € 8,90
erhältlich auf www.qyoma.de
oder im Buchhandel
ISBN 978-3-8442-2452-8

ISBN 978-3-8442-2456-6
9 783844 224566 00001
www.epubli.de